JN437486

이름도 외로움을 탄다

이종숙 시집

이름도 외로움을 탄다

산과들

시인의 말

또 한해의 가을이 돌아왔습니다.

기찻길 모퉁이를 돌아서면 울리던 기적소리와 어머니의 손길로 만들어진 꽃밭에 칸나가 붉게 피어있던 푸른 대문 집, 그곳에서 살던 가족들의 정겨운 소리가 아직도 귓가에 들려오는 듯 합니다.

어느덧 갈대가 잔 꽃을 피우는 세월의 한복판에서 염원하던 마음의 조각가가 되기 위해 언어들을 깎고 다듬어 삶의 슬픔과 행복, 그리고 그리움의 시간을 만들었습니다.

그 결실의 하나로 첫사랑의 설렘처럼 따뜻하고 진솔한 마음을 나누고자 이제 첫 시집 <이름도 외로움을 탄다>를 세상에 내 놓습니다.

이 시집 속에서 단 한편의 시라도 일상에 지치고 마음이 아픈 누군가에게 따뜻한 마음을 전하여 잠시라도 위로가 되고 행복한 마음을 갖게 하였으면 하는 바람을 해 봅니다.

오늘이 있기 까지 순수 문학의 물가로 이끌어주신 김정오 교수님과 이 시집이 나올 수 있도록 도와주신 구자룡 교수님께 깊은 감사를 드립니다. 그리고 격려를 아끼지 않은 많은 문우들과 지인들에게도 진심으로 감사를 드리며, 사랑하는 나의 가족들에게 고마움을 전하고 기쁨을 함께 나누고 싶습니다.

2015년 10월 가을 향기 가득한 날에

이 종 숙

1부
보리가 익어갈 때면

2부

능소화 지는 날

3부
국화향을 마시며

4부

순환을 꿈꾸며

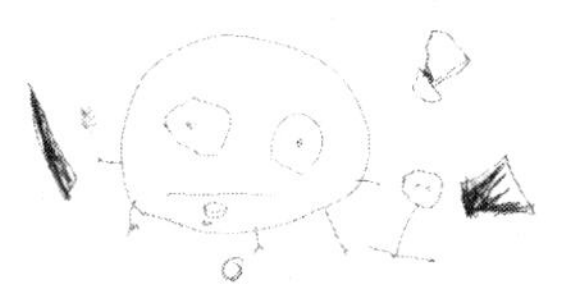

1부

보리가 익어갈 때면

쪽빛 하늘이 눈부신 날

- 목련

한 조각도 가릴 수 없는
벌거숭이 몸 위에
은빛 서리꽃
깃털 같은 삶을 두르고

보송보송한 눈망울
촉촉이 젖어
은밀한 의식은 시작되는데

감춰진 가슴 깊은 곳
봄 물 흐르는 소리
쪽빛 하늘이 눈부신 날
봄의 옷을 깁는 햇살

아름다움 홀로 피울
지순한 사랑
말없이 서성이는
한 마리 학(鶴)이 된다.

묵상

봄은
비어있는 가지와
비어버린 마음을
채우는 시간

물밀 듯 몰려와
마구 흔드는
소망바라기도
땅 속 같은 길을 거닐고

그 길에
실뿌리라도 하얗게 내리고 싶어
싸늘한 마음에
향기를 바르고 있다

조금씩
골짜기는 푸르러가고
불길 같은 뜨거운 마음
온통 꽃망울로 번지고 있다.

수채화

내 속에
폭포가 있는 것을
나도 몰랐다

허공 속을 지나고서야
맑게 빛나는
백지 위의 머무름

쉴새없이 번져가며
또 다른
모습 그려가는
무색의 수채화

그 속엔
감출 수 없는
마음이 누워
여백을 채워가고

바라볼수록
깊은 의미를
이제야 그릴 수 있어

그림 속에
또 다른 내가
그려가는
먼
그리움.

보리가 익어 갈 때면

보리가 익어 갈 때면
소리 없는
황토 빛 물결 출렁이고

그 속에
조갯살처럼
차오르는
영근 마음 하나

문득
돌아보니
내 모습과 닮아있네

보리가 익어 갈 때면
먼빛 물너울이
밀려오고

티끌 같은 삶은
보리가을에 묻혀
한 시절이 된다.

밥그릇

누구에게나 빛나는 하루는
빈 그릇을 채우는 일

밤새 지어낸
뜨거운 가슴으로
허한 속을 채워다오
차곡차곡 차올라
너그러운 하루를 만들어다오

네가 진정 우러러 보이는 것은
목숨 하나 일구기 위해
온몸을 내어 주는 일

누구에게나 빛나는 하루는
하얗게 쏟아지는 밥이 아니고
마음을 뜨겁게 덥히는 울음과 웃음
비워도 비워도 다시 채워지는
밥그릇을 안고 가는 일.

꽃 보라 흩날리는

- 벚꽃

무량의 허공 속
화려한 군무에 취해
넋을 잃었다

새들도 길이 막히고
나도 길을 잃고

벗겨진 꽃신
두 손으로 받아드니

발은 뿌리가 되어
벚나무가 된다

분홍빛 흰빛 어우러져
나는 이미 꽃이 되었다

운해(雲海) 속
생명의 물결로 다가와
하나가 되었다.

축제

꽃 속에 꽃이 핀다

한 빛으로 쏟아져
활활이 날개 치며
눈부시게 여무는 사월

투명한 꽃 비늘이
보일락 말락
물들고 있는
저 기막힌 봄날

나뭇가지 끝에
더미구름이
기차게 스치는 순간

쨍맥이 흔드는
거리로
화조월석(花朝月夕)이 간다.

고독한 악기 소리

정지된 시간
오랫동안
잊고 있었다

방 한켠 에서
나를 기다리고 있을 줄이야

가만히 다가가서
네 몸을 더듬으면
로망스가 되어
가슴을 여는데

아무도 열 수 없었던
마음의 열쇠가
고독한 악기 소리였음을

너는 나를 위해
온몸을 울리고 있는 것을
이제야 알았으니.

시간의 덫

휭하니 떠나가 버린 자의
신발짝 하나가
사람들 무수히 다니는
길목을 지키고 있다

멀뫼 길에 새들이 찾아와
수없이 쪼아도
꿈틀거릴 수조차 없는 몸뚱이 위로
견딜 수 없는 무게는
신발 등에 포개져
느슨하게 풀어진 끈과
결이 되어 눕는다

지독한 침묵에
불덩이 같은 열꽃들이
가슴에 박힌 줄도 모르고
황색 두 줄 위에서
어제를 생각한다

문득 휘감겨 오는 시간의 덫
커다랗게 붉은 파문이 인다.

거리의 춤

길 위에는
그물처럼 엉킨 세월이 있고
그곳엔 나부끼는 것들의
춤사위가 있다

세상 것은 온통 맴돌아
고샅길조차
땀으로 질척이고
모난 기억은
돌멩이처럼 닳아
위대한 휴식을 꿈꾸고 있다

생의 끝에는
한 편의 시가 있고 눈물이 있으니
지치도록 흔들어대는
춤사위를 잊지 마라

길허리에
흔들거리는
무수한 다리 사이

까마득히 먼
여로를 향해
또다시
거친 숨결은
거리를 가득 메우고 있다.

라일락 곁에서면

나는
너였으면 좋겠다

기다림이 뿜어내는
향기

비로소
가까이 다가서면
서러움을 쏟아내는
눈빛

떠날 수 없어
기대어 서면
지척의 틈을
웃음소리로 메우고

그리움은
깊은 통증으로
얼굴을 비벼 대며

오늘만이라도
나는
너였으면 좋겠다.

오월의 노래

하얗게 빛나는 오월
누구의 마음을 담아서
피어나고 있는가

모두가
흥겹게 달아오른
빛깔 고운 푸른 날은
정갈한 꽃빛으로
아슴아슴 젖고 있구나

바람 한 줄기
꽃술을 스칠 때
나지막이 들려오는 노랫소리는

하얗게 빛나는
아카시아 향기 머문
그대의 가슴에서
흘러나오고 있구나.

달개비와 사마귀

전혀 다른 모습으로
허무를 끌어안고
긴
눈 맞춤의 시간

우거진
풀섶에 묻혀
나눌 수 없는 아픔은
한 폭의 채화로 남아
풀빛이 스러지고 나면
텅 비어버릴 이 자리

달개비 꽃이 되어
빈자리를 채우고 싶다
아니
거칠고 사나운 사마귀와
활활 타오르는
뜨거운 사랑이라도 좋을 것 같다.

나이테를 그리다

시간은 나긋하지 않아
소용돌이치다 떠나가면
생살 굳은
마음이 맺혀
인연 닿은 줄마다
열맹이 들로 가득하다

낙조를 마주한 그림자
길게 꼬리를 늘일 때
먼지 켜켜이 쌓인 세월은
어느새 벌레처럼
나무 틈새로 숨어들어
새날을 그리고 있다.

행복을 굽는 아침

버스 정류장 건너
유리창 사이로
갈색의 향기가 차도를 건너와
맛있는 하루를 건네줄 때

고소한 냄새를 맡으며
발길 머뭇거리다
푸른 띠 두른 버스가 멈추어 설 때
행복을 굽는 사람과 눈이 마주쳤다

빙그레 웃다 마음껏 담다보니
차는 떠나고
바게트 긴 허리 위에 마음이 걸렸다

바람을 타고
시원한 단술 같은 하루가
목구멍을 자꾸만 간질이고 있다.

산다는 것은

산다는 것은
너무 외롭다

조금씩 깎아내는 마음이
가벼워지기는 하지만
아직도
태양처럼 이글거리는 마음은
작은 씨앗을 품고 있으니

산다는 것은
한 방울의 물이
바다라는 이름을 얻기 위해
흘러가는 것

가던 길 뒤돌아보며
아쉬워하고
다시 두리번거리고 가는 것

그리고 홀로 남아
흙에 묻힐 삶을 반추해 보는 것

그래서
산다는 것은 너무 외롭다.

양파

떨리는 손끝
벗겨 내릴 때마다
부드러운 흰 속살

푸른 촛대 위
너울거리는
별빛 아래
순백의 가슴 열리고

꿈결 같은 긴 시간
산산이 부서져 사라질 즈음

네가 남긴 향기에 취해
눈이 벌겋도록 흘리는 눈물.

난 누군가에게

난 누군가에게
한밤중에 내린 눈 위를 비추는
첫 햇살처럼 환하고 싶다

난 누군가에게
한 무더기 들꽃 같은
맑고 순한 사랑을 나누어 주고 싶다

한없이 퍼주어도 모자람이 없는 사랑
환상이어도 좋다

난 누군가에게
마음을 나눈 마지막 사람이고 싶다.

꽃비 쏟아져

바람에
쏟아지는 꽃비
화려한 옷이
누더기 같기만 한 날

썩은 나무도 두드려 주면
버섯을 피운다는데
누구의 가슴을 두드려
마음을 나누어 볼까

삶이 저절로 살아지고
깊어지는 것은 아니지만
생략하고 싶을 때가 너무 많아

억지로라도
웃고 사는 것이
슬픔으로 다가와
말문을 닫고 나니

꽃비 쏟아져
환하게 어둠을
묻어 주고 있다.

매화

울타리나무 곁에
소복이 눈 맞고
몽글 몽글 피어나는
물 오른 꽃봉오리가
아프도록 붉어
홀린 듯 바라보다
깨물어 버리고 싶은 충동은
붉은 그림자에 마냥 흔들리는데
스렁스렁
젖은 꽃 대궁 위에
어둑발 내리는 저녁
무리무리 푸른 봄을
터질 듯 품고 있구나.

2부

능소화 지는 날

아버지

무엇이든 주고 싶어
두리번거리는
지상에는
사랑이 아닌 것이 없다

송아지 눈망울 같은
방울토마토가 담긴
비닐봉지 사이로
애벌레 꿈틀거리는 잎새 하나
핑그르르 돌다 떨어지는
가볍기도 하고
아프기도 한 굴레

모두 가시나무라 했다

시간의 파편이 즐비한
부챗살처럼 펼쳐놓았던
여든네 해의 길
칠월의 장마로
쏟아져 내리는 빗살은
세상을 넉넉히 감싸 흐르고

내 안에 결진 여름
솟아오르며
생의 울림 가득하다.

장마

나는 폭풍의 눈을 좋아했다
하지만 그가 피운 곰팡이 꽃에 취해
그가 떠난 후에도
그의 손아귀에서 빠져나가지 못한 것을 알았다

항상 저 스스로 마를 수 없는 비애
밤새 창문을 두드리는 소리가
귓가에 맴돌아
아직도 문을 닫지 못하고 있다

참 지루하다.

능소화 지는 날

소나기가 지나가자
땅바닥에 젖어 있는 얼굴
처연하여
손바닥에 얹어 바라보다
꽃무덤 속으로 던져 버리고
다시 들여다보니
개미들의 천막이 되었다
그 곁을
주홍빛 사람이 지나가고
물끄러미 뒷모습을 바라보는 눈

능소화 지는 날
멀고 먼 사람의 길도
요란스럽게 왔다가는 한 줄기 소나기
화려한 능소화 였음을
하지만
아무도 그렇게 생각하지 않음을
서럽게 바라보았다.

달개비 꽃

하루에 단 한 번
아무도 모르게 기대는 몸짓을
알아차렸을 때

놀란 내 가슴
밤은 깊어 가는데

무심한 듯
가는 등짝 기대고 선
푸른 나비 한 마리

아름다운 순간의
화려한 향연

하루에 단 한 번
아무도 모르게 나누는
사랑을 알아차렸을 때

하얀 목덜미 위로
푸른 바람이 인다.

고목나무

저물녘 현관 앞에
비스듬히 기댄 지팡이 둘이
구부정하게 생의 순간을 잡고

갈가리 뜯겨져 나간 살덩이로
또 다른 목숨 키우는
에어리 염낭거미처럼
온 가슴을 내어주고
행복한 미소를 짓는 슬픔

바람밖에 막아 줄 것이 없다고
그늘밖에 줄 것이 없다고
묵묵히 버티고 서서
붉은 잎새 수없이 떨구는 밤
우두둑 소리를 듣고 있노라니
뼛속 깊이 시리고 아프다

눈부신 햇살 아래
부드러운 눈동자는
세상의 소음조차 품고 서서
나직하게 읊조린다

너무 짧은 순간
참
아름다운 세월이었다고.

싱싱한 횟집

싱싱하다는 것은 무엇일까

전생에
그 누구였을지 모를
큰 눈을 동그랗게 뜨고
퍼덕이는 몸 위로
게걸스러운 입
하얀 가운과
멋스런 접시 위의 파슬리
슈트라우스의 왈츠에
샹들리에는 흔들거리고 있었다

현재는 조금 늦게 소멸될 뿐
마주친 커다란 눈동자
무어라 말할 것인가
나는 한 줄의 시를 삼키며
아무런 변명도 못했다

전생에 누구였을지 모를
그가
여러 가지 빛깔로
어두운 통로를 지나
사라져가고 있었다

싱싱하다는 것은 무엇일까.

숲이 돌아앉다

커다란 화폭에 바람 불던 날
천지의 꽃들은
나비가 되어 날아갔다

그토록 매달려
그려온 한세월
2009년 음력 3월 16일
얼마만의 휴식인가

그림이 완성되던 날
서늘한 손을 잡고
봄은 가고

밤낮을 잊었던
웅성대는 소요(小搖)

생이 머물던 자리에
마침내
숲이 돌아앉다.

그날 이후

그날 이후
그리움 반 외로움 반으로
바람도 시가 되었다

쌍굴 다리를 지나는 순간
무너져 내리는 추억

평상 옆 오동나무
굽은 등허리 위에
보라 빛
사탕 한 알

그날 이후
기척 없는 날이 지나
긴 여운은
그리움 반 외로움 반으로
바람도 시가 되었다.

내부수리 중

팻말을 세웠다
어디서부터 허물어야 할지 모르겠다

유물처럼 쌓아 놓았던 것들을
과감하게 버리고
여유를 부리며

꽃사과 열매를 두드리던 채찍비가
일상을 쓸어버릴 때
위위위위위위위위위위위위위
매미가 열세 번의 소리를 질러대는 오후에도
무겁디 무거운 씻김질은 계속되었다

허물고 부셔버려
미처 알아보지 못한 소중한 것에 대하여
비움의 미학을 읊조리며
팻말을 바라보니

마음은 여전히 내부수리 중이다.

허상(虛想)

하늘과 바다의 경계선인
수평선은 꿈의 허상

그 푸른 동아줄은 아무 쓸모도 없이
성난 울음으로 바다를 달래며 산다

구름은 그래도 흘러가고
바람은 찢길 대로 찢기어가지만
내가 아무리 매달리려는 세상일지라도
내 뒤통수에서 색즉시공(色卽是空)이 당기고만 있다.

거미의 집

다세대 쪽방 구석에
한 박스의 버섯이 썩어갈 때
낡은 벽지 위에 멈춘 시간
빛은 어둠과 결별하고 있다

성긴 가지 사이로 보이는 뼈의 굴곡
아무도 꺼내줄 수 없는 깊은 골에서
천천히 파꽃은 올라오는데

하얀 죽을 흘리며
행복해하는 노인의 등 뒤로
불빛이 만장처럼 흔들리고
명멸하는 밤
거죽은 남고 사랑은 간다
천천히 살을 비우며….

빗속

에스프레소 한 잔에 프레즐 한 개
씁쓸하고 달콤하고 고소한
허물어지는 경계

길 건너 저쪽 세상
흙내가 그리운 도시는
회색이 짙은 내림라장조

커피 잔 속에도 내리는 비

컴퓨터 자판을 두드려대는 자유세대
리필 할 수 없는 삶은
굴곡진 마른 목덜미를 껴안고
넘나드는 야생의 숲

어디선가 멈출 날이 두려워
온 종일 달려서 가는

신발 속에 가득 고인 비.

장미의 꿈

쉿! 아무 말도 하지 마
분홍빛 보들 거리는
입술이 너무 달콤해

수줍게 흔들리다
온 맘을 내밀어 사랑이라니

오월의 만개한 가슴 풀어
한 눈 찔끔 감고
꽃이 사람이 되는 해탈의 순간

쉿! 아무 말도 하지 마
사랑이 아니라 꿈이라니까

활활 타오르는 생애
무아경 속에 날빛조차
그윽하다.

박제된 시간

투명한 유리에 갇힌
사람이 서로의 거리를 잰다
한 시절 그리움에도
어긋남과 고통은 있는 법
가질 것도 없고 버릴 것도 없이
쉬지 않고 걸어가는 발길은
커피 잔과 입술 사이의
뜨거움처럼 남아
억센 세상 뒤돌아보면
남아 있는 것은 박제된 시간뿐
그 안으로 부터 찾는
기억된 모든 아름다움의 착각들.

차이

향기 사라진 후리지아는
종이꽃이 되었다
푸른 밑동에 물을 주어도
주고 버리고 가는 것도
스스로일 뿐
세상일도 모른 척 눈감으면
종이 한 장 차이일 뿐.

못다 한 사랑

유리조각 박힌 담장 아래
넝쿨장미의 우울이 눈 먼 척 할 때
붉은 꽃은
심장대신 사랑을 달랬다

어디에도 비상구가 없다
달빛이 생가지에 매달릴 때마다
반란을 꿈꾸는 삶
진한 색채의 젊음이 저녁노을 속에 탄다

바람의 속도처럼
또 한순간이 지나갈 때
문 닫힌 재래시장 입구에는
정기휴일이 펄럭이고

시장 골목 구석진 곳에
양푼 속에 비벼진 추억은
못다 한 사랑이야기로
붉게 물들고 있다.

고독

뜨겁다 뜨겁다 해도
내 심장만 하랴
험한 세상 속에
품어주던 모습이 사라진 다음
울부짖는 바다에 서면
가만히 어루만져주는 어머니

지난 새벽
낚싯줄에 걸린 고기처럼
끝없이 몸부림치다가
어머니의 옷자락을 놓치고 말았다

세차게 흔들리는 것이
파도 때문이라고 생각했다
사람들이 떼 몰려 있는데도
사방은 망망대해
검푸른 물결 속에 허우적거리다
지독한 몸살을 앓았다

아직도 이마에 붉은 꽃은 지지 않고
불가사리 같은 몸뚱이가
하얗게 말라가는 날
죽고 싶을 만큼 아파 엎드려 울면
바다보다 더 깊은 고독이 건너와
함께 눈물에 잠긴다.

신발

이불깃 아래
항공모함 같은 발

빙긋이 웃는
이백구십 사이즈와
이백삼십오의 신발이 나란히
얼굴을 맞대고 있다

신발 한 짝이 자꾸만 닳아
새신이 놓일 때마다
나무가 자라듯 신발도 자란다

신발 가게에서
여러 개의 사이즈를 보며
디자인은 고르지 말라고
주문 아닌 주문을 하고

한동안 몸을 담고 다닐
통통배 하나 들고 와
씩 웃고 나갈 아이의 발을 바라본다

푸른 하늘처럼 맑은
봄이 다가와
발가락 사이에서 꼼지락거리니

간지럼 타는 커다란 발이
싱긋이 웃고 있다.

그림자

때로는
너를 밟고 서있었고
때로는
나를 밟고 서서
아프다고 했다

낮은 서로를 흔들고
밤은 서로를 업고.

별이 빛나는 밤

껍질을 벗고 있는
나무를 바라보다
그 마음을 읽게 되었을 때
어머니 떠올렸다

나무와 눈이 마주쳤다
저리 슬픈 눈
이 길을 거쳐 갔던 눈들이
별이 되어 빛나는 밤

밤이 길기도 하다
소리 잃은 나무 곁에
지키고 있는 숫자는
오그라드는 다리를 잡고
따뜻한 봄을 기다리는데

나무의 눈이 빛나는 별 속에
이름 하나 갖고 싶다고
짙은 어둠을 깨우고 있다.

빈 병

한때는 누구를 위해
몸 바친 이
골방 속에서
더러운 침대에서
꼬박 날밤 새우다
어딘지도 모를
낯선 곳에서
차디찬 몸으로 만나는
저 허허로운
빈 병이 울리는 소리.

3부

국화향을 마시며

국화향을 마시며

하얀 잔에는
한 송이 꽃이
마음을 우려내고 있다

서리 내린 자리에서
그윽한 향으로
멈추게 하는 발길
보이는 건
환히 웃는 사랑

해는 몹시 짧고
어둠에 젖어가는 가을
홀로 너를 느끼고 싶다

한 잔의 향기로
뜨겁게 다가오는 순간
노란 꽃술에서
흘러나오는 노랫소리와 함께

마음속
고요히
싹트는
또 다른 아름다운 계절.

이름도 외로움을 탄다

예고 없이 떠오르는
예쁜, 미운, 그리운, 슬픈 얼굴

허물지 못할
추억을 오래도록 생각했다
온 하루
젊음이 타오르던 날도
하얗게 지고
가지에 매달려 있는
산수유 열매도 까맣게 타는데

가물거리는 기억
찻 향에 어우러진
가뭇없는 마음

그 자취 그리는
이름도 외로움을 탄다.

단풍

내 마음 익히기도 서러운 날
그대 손은 뜨겁고
내 마음은 차갑습니다

푸르던 날들이
엊그제 같은데
사그랑 사그랑 소리로
저문 밤이 머물 때

은빛 억새꽃 되면
삶이 가벼워지던가요

내 마음 익히기도 서러운 날
또 한 번의 가을을 보내며
남은 숫자를 헤아립니다

그대 손은 붉은데
내 마음은 자꾸만 하얗게 지워집니다.

가을 속으로

얼마나 왔을까
뒤돌아보니
재넘이 바람은 갈잎더미 위로
마구 휘날리고
저 멀리 산등성이에는
가지불이 타오른다

창문을 흔들며
짐승처럼 울어대는 소리에
밤새 뒤척인 것이
나뿐이 아닌 것을
저 깊은 산과 들이
붉은 늪에 빠져
허우적거리는 동안

가을은
우리의 갓 맑은
인연들을
어쩔 수 없이
환속시키고 마는가 보다

너럭바위에
엎드린 가을빛이
온종일 나를 흔드는 까닭은
포도주 같은 계절 속으로
더불어 만취하고 싶은 탓 일게다.

베스트셀러

한 사람이 내게 말했다
"내 인생은 책 몇 권이라도 쓸 수 있어."

피 토하듯 아픈 삶도 자랑처럼 그려지고
시름시름 앓아가면서도 목청 높이던

걸어 다니던 그들은 역사가 되었는데
아직도 수십억 권의 책들은 출판되지 못하고
어두운 골방에 처박혀 있다

자취는 있으나 쓰이지 않는
사람의 숫자만큼 뒹구는
베스트셀러!

사랑한다고 말해버려라

어둠 속에서
차라리 사랑한다고 말해버려라
검정얼개비의 입속에
담긴 생명들이
꿈속에서나 떠다닐
목어가 되는 밤

지친 일상이
밤의 등 뒤에 숨어
세상에서 가장 멀리
떠도는 자들의
하늘이 된다

하얗게 날밤 새우며
쓰는 일기에서
회색 망 속에 갇혀 있다면
차라리
사랑한다고 말해버려라.

지는 꽃도 아름답다

황홀히 피는 꽃도
아름답지만
겹겹이 뿌려대며
지는 꽃도 아름답다

음악이 흐르는 거리에
아직 한 소절의
노래도 끝나지 않았는데

뜨겁게 살다가
떠나가는 너는
얼마나 많은 일들을
묻고 비웠겠는가

가벼운 영혼의 기쁨
조금은 쓸쓸하지만
황홀한 그 자취가
눈물겹게도 아름답다.

개운죽

한 자루 붓을 닮은
푸른 몸통에

온통 희망을 담아
훤히 크고 싶다

한 시절 몸을 열었다가
흰 뿌리로 늙어갈 때

입춘대길
네 글자 쓰기를
한 생이 지나갔구나.

십일월의 단상

질척이는 땅을 내려다보니
한껏 우러르던 것을
밟고 서 있다

서슬 찬 바람살에
길 멀미를 하느라
뒹구는 낙엽이
물거울 속에서도
몸부림치고

조금 남은 밑불을
가슴 깊이 숨겨둔 채
갈 기슭에 앉아
가을볕을 쬐면
미처 떠나지 못한 마음
날개돋이가 시작된다

널브러진 낙엽 위에서
둘레춤을 추면
그리운 사람
만날 수 있을까

언뜻 언뜻 보이는 하늘엔
누군가 남긴 흔적이
멍울진 풀처럼 남아 있어
십일월에는 그리움을
삭이고 또 삭이고 있다.

아버지의 발

하나의 발이
또 하나의 발을
지그시 바라보고 있다

세차게 떨고 있는
또 다른 것의 다독임에도
어지러이 흩어진 양말을
명줄처럼 잡고
가는 발가락만 칭칭 감고 있다

운명은 은밀함을 즐기고
은밀함은 소리를 내지 않는다
다만 차가운 미소를 날리며
무겁게 놓인 시간을 거두고 있을 뿐

자꾸만 헛발길질 하는 발을
지그시 만지고 누우면
나무껍질 같은 세월의 두께를 깨고
어린 소년이
연한 발뒤꿈치를 딛고 걸어 나올 것만 같다.

향기로운 날의 예식

붉게 파도치는 숲
살아 숨 쉬는 것들이
범람하는 골짜기에서

한 발자국도 비켜가지 못하고
빨갛게 데인 속살은
누구의 가슴이기에
그토록 쓰라려 보일까

붉게 타오르는 숲
거역할 수 없었던 날 들을
무심히 내려놓으며
엄숙한 이별을 하는 구나

하늘과 땅 사이에 서서
온몸을 태우는 소신공양
이 얼마나
향기로운 날의 예식인가.

가슴앓이

가을 자리에는
앙상한 후박나무 잎이
큰 손바닥을 내밀고 서성이고 있다
언제나 내가 받기만 했던 것처럼

나는 어머니에게 드릴 것이 없어
천리향이 풍겨대는 담벼락에 붙어 서서
"가을을 남기고 간 사랑" 노래를 불러댔다

살아있는 날들과
달력의 숫자는
사유(思惟)속에 낙엽이다

가을 자리에는 지금
말할 수 없는 그리움이
이글이글 타오르고
아무도 모르는 가슴앓이가
다시 도지고 있다.

평화

묵향에 취해
타오르는 가슴
붓 끝에 매달면
꽃도 피고 새도 날고

높은 산 휘감은 안개
피어오르는 연기에 흩날리고
둥지 튼 어미 새는
고요를 맞이한다.

저무는 상대포

무심한 빈-항구
오도 가도 못한 채
출렁이는 노을

목선 한 척이 떠난 뒤
영영 막혀버린 강기슭에
커다란 바위 하나
얼룩진 하루를 살아내고

건천(乾川)의 황금빛깔이
땅 위를 덮을 때
애꿎은 갈대만 꺾어
고수레하듯 흩어 보낸다

목 메인 채
고요를 쓰다듬는 물보라
사라진 존재 속에
존재하는 소리로
흔들거리며 다가오는 무심한 빈-항구.

참 오래도 비워두신 집

밤새 흩뿌리던 안개
걷히어 가던 시간
빛의 길을 따라

미소를 띤 채
가만 가만히
들어가셨다

참 오래도 비워두신 집
텅 빈 고둥 속 같은
방이 었겠다

밤마다 아무도 모르게
몇 날을 준비 하였겠다
그래서 그토록 여위었나보다

사진 속으로
가는 길에는
국화꽃이 활짝 피어 있었다

나는 어제가 그리워
곰처럼 울고 있다.

햇살 가득한

등골 굽어 삭아진 나무
따스한 물로 입안을 적셔줄 때
삭정이 된 손가락을 모으며
힘겹게 토해내는 말
“고맙소”
아직은 온기도는 방
두고 갈 것도
가져갈 것도 없는 빈손
뜨겁고 아픈 눈물이 길을 만들면
한 세월 잊고 살았던 고향을
흩겹도 벗어버린 나무는 달려간다
집으로 가는 길이 얼마 남지 않았다
집이 점점 크게 보인다

벽에 걸린 풍경 속에는
잎이 무성한 나무 한 그루가
지그시 내려다보고 있다.

물들이기

듬성한 속을 채우는
갈색 풍경 사이로

기나긴 세월
풀어놓았던 시간을
마음속으로 걷는 날

잠시 젊음이 뒷걸음쳐 온 것도
더디 가고 싶은 욕망이 있기 때문이다
변해 간다는 것은
새로운 삶을 물들여 가는 것

한나절
바닥을 뒹굴던
생을 엮던 가닥들 떠나고

아무 일 없다는 듯
뿌리 깊숙이
또다시 솟아오르는 따뜻한 순간.

가을소리

두어 알 남은
사과나무에 멈춘
뜨거운 시선

서로 알지 못한 채
변해버린 자리에
누군들
그 소리를 가볍게 여길까

홀로 마음 뒹구는
밑바닥에서

가을의 소리가
혀끝에서 심장을 타고
차갑게 터지며
죽음인가
삶인가.

4부

순환을 꿈꾸며

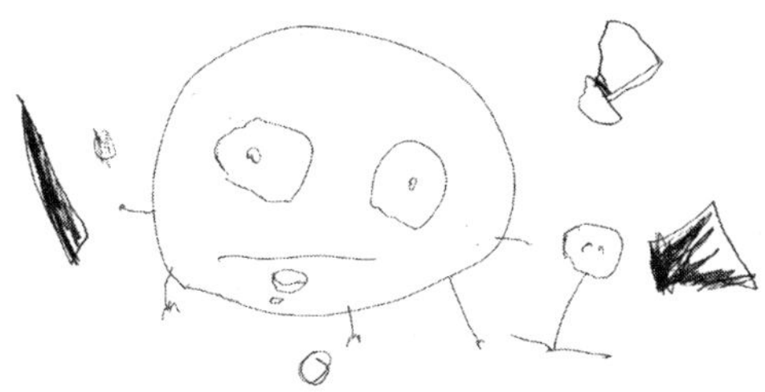

폭설

얼마나 그리웠느냐

한밤중
한걸음에 달려와
흐드러지게 피어
오도 가도 못하도록
가둬 놓은
천진스런 심사

얼마나 사랑했느냐

툭 툭 툭
뼈 마디 마디 무너지는 소리에
달디 단 눈물이
서려 내리는데
한꺼번에 다 쏟아주고
돌아서는 맘

세상 열린 문으로
쏟아지는 눈사태

폭설은
지상의 기억을 타고
하얀 갈기 휘날리며
화려한
부활의 무덤으로
쌓아 올리고만 있다.

뜨거운 손

겨울아
숨을 헐떡이며 달려온
차디찬 내 손을 꼭 잡아다오

너는 뜨거움과 차가움의 한 통속
너의 손을
잡을 수만 있다면
내 심장은 또다시
뜨거워질 수 있단다

눈 더미 사이로
은사레 치며 웃는
겨울아
세상을 푸르게 채워갈
촉 하나 심어야 하기에

겨울아
망설이지 말고
내 손을 꼭 잡아다오.

착한 나무

유리창을 사이에 두고
얼음바람에 흔들리는 나목과
재활대 위에서 흔들리는 사람

나뭇가지는 햇살에 빛났지만
사람은 스스로 매달고 있는
눈물에 젖지 않기 위해
가만히 있어야만 했다

빈 우렁이 껍데기 같은 날에도
스멀스멀 기어드는 꿈

칼바람 속에 비껴든 등불
쓰라린 가슴 속에 박힌

착한 나무 한 그루.

갈비탕 한 그릇

그가 갈비탕 한 그릇을 비우기까지
겨울이 잠시 물러앉았다
부지런히 움직이는 손길을 바라보며
난 한 뭉텅이 슬픔을 넘기지 못한 채
콱 메인 가슴만 애써 누르고 있었다
아무렇지 않게 버렸던 음식들
한쪽은 버리고 한쪽은 주워 먹고
사람이, 사람이 버린 음식으로 목숨을 이어갈 때
뜨거운 갈비탕은 천상의 음식 이었다
한 점 부끄럽지 않게 산다는 것은 어려운 것이다
목숨을 이어 간다는 것도 쉬운 것은 아니다
쉬운 것은 아무것도 없다
많은 이들과 행복을 다짐했지만
맛있는 인생은
한 그릇의 갈비탕보다도 더 찾기 힘들었다
구수한 향기는 칼바람 속을 휘돌고
삼키기에는 참 많이도 젖은 마음
한 방울의 국물도 없이 비워버린 그릇의 한기가
지나가 버린 기차의 여운처럼 휑하지만

누구나 떠날 때는 희망을 품는 것처럼
빈자리만큼 채울 수 있는 용기를 주기에
한 그릇의 갈비탕은
삶을 채우는 것이었다.

고드름

겨우내 서러웠던
돌아갈 수 없는 길에서
마음을 굳히고

차가운 눈빛 번득이며
투명한 영혼의
장강(長江)을 키워가고 있다

그 많은 슬픈
지난 겨울의 세월을
일필휘호(一筆揮毫)
마지막 장서(長書)로 붓을 놓는다.

감기

또다시 그가 찾아왔다
도대체 무례한 이다
시도 때도 없이 찾아오면 어쩌란 말인가
친구도 아닌 것이
왜 이리 쫓아 다니는지
이따금 치고 박고 싸우기도 하지만
가끔은 달콤한 휴식을 주기도 하는
그의 전략을 이미 알고 있는 터
그가 건네주는
고통의 시간과 치유의 시간은
마치 고해소 같아
화장을 지운 맨 낯으로
살아갈 날 수를 세어 보게 하며
헛된 치장도 벗어버리게 한다
그러나 아직은 들키지 않을 만큼만
허세 부리고 살고 싶으니
육체의 집에서 이제는 그만 나가다오

제발.

금동신발

한때는 대국을 호령하던 몸을 담고
영원의 긴 날을 걸어갔더이다

남겨진 그 자리 용 한 마리 틀어 앉아
무엇을 발원하는지
아직도 여백의 시간 속에
끝없이 날개를 펼치고
영락(榮樂)의 세월은 징 박힌 채
낮게 머물다
생의 숨결을 뱉더이다

이제 청동의 시대를 지나온 길 위에
푸른 휘광(輝光)번득이는 위엄이
길고 긴 전쟁과 권력에 묻혀
꿈틀거리는 기백 속에 갇혔으니

부귀영화에 취한
인동(忍冬)의 봄날
세상의 길을 밟고 간 용맹도
청동식리(靑銅飾履)에 담아
침묵 속에 깃들었더이다.

장도의 바람

깊은 바다의 혈맥(血脈)은
마지막 보루를 지키며
비에 젖고

저물녘
토성 위를 걸으면
조각난 기와들이
오랜 세월을 허물고 있다

빗살무늬 맷돌이
멈춰 선 자리에
허공으로 솟구친
물빛이 붉다

결진 목책 위로
동박새 한 마리
바람의 틈새 속에
긴 꿈을 꾸느니

저 멀리 노젓는 소리에
심장이 뛰노는구나
얼마나 많이 돌고 돌아 왔는가
바람의 자리는 동백꽃이 메우고 있으니….

노을 꽃 피는 날

드솟던 시간 속에
마룻줄 내리는 저녁

파도를 타는
기와버섯 핀 얼굴들

해초 향 스민 마음
흰 거품 되어
모래밭에 흩날린다

살아서 걷는
노을 꽃 피는 날

마구 찍어대는 렌즈 속에
눈부신 물빛 삶이
내 그림자와 함께
함박웃음 가득하다.

겨울여행

완행열차 타고 스쳐가는 세월
가지 끝에 매단 눈꽃이
머물 시간도 없이
푸른 뺨 위에 얼음 한 조각 던져놓고

빙하의 계곡을 지나
촛농처럼 녹아내리는
부드러운 바람이 머무는 곳으로
겨울은
느릿하게 어둠의 터널을 통과 중이다.

그림 한 점

후드득 떨어져 스며든 빗물이
하얀 셔츠 위로 번지는 오후
잠시 후
태양빛이 흩뿌려
색색의 프리즘이 사라지고 난 자리에
한 폭의 수묵화가 덩그러니 남아 있다
그늘에 말린
마음 하나 얹어
물오른 나무에 걸어두고 간다.

간단하다

가슴에 품은
그리움으로
푸른 하늘만 바라보아도
슬프다는 나무
수두룩한
일들을 기억하면서
수액처럼 끌어올린 눈물을
바람에 풀어버리면
얼마 동안은 아픔을 날릴 수 있겠지
붉은 점박이 잎새
한 시절 살다가 떨어지는 고통도
얼룩진 알몸뚱이
책갈피 속에 넣으면
간단히 묻히는 세상일들

참
간단하다.

손

전철 안 손잡이에 목숨을 받든 손들

손톱 밑이 까만 손이
바지주머니 속으로 들어갈 때
슬그머니 찬바람도 따라 들어간다
보풀조차 닳아 해진 바지주머니 속에서
세상 밖으로 나온 백동전을
말없이 쳐다보다 움켜쥐고
천천히 고개를 수그린 채
찬바람 누운 속으로 다시 밀어 넣을 때
고뇌의 찬 얼굴에 살며시 지나가는 미소
용광로 보다 더 뜨거운 순간
빵 한 개도 사 먹을 수 없는
동전 하나에 얼음 꽃이 핀다
봄꽃이 핀다.

소중한 선물 하나

누구나 알 수 없는
마음들이
물속처럼 보이는 세월 앞에
버려져 홀로 핀 난꽃 한 송이

다칠까 끌어안고
들여다보니
내 안의 소리처럼
시끄러운 세상일들
잊어라 한다

나만큼 아프게 살았느냐고
갈색 대궁 위 마른 얼굴
어둡지 말라며
환한 웃음으로 안아드는
소중한 선물 하나.

거울 앞에서

무심코
들여다본 모습에
거울을 던져버렸다
넌 누구야?
깨진 거울 속에서
만난 무수히 많은 얼굴
예리한 날의 아픔은
붉은 동그라미 속에 가두고
갇힌 마음은
더 이상 반항하지 못한다
아직은 익숙치 않은
낯선 시간이
허공에 머문 채
손끝을 싸맨
붉은 천 조각들은
연갈색 줄기타고
튤립이 된다.

비누에게

내가 원할 때면
온 몸을 내어주는 그대
부드러운 그대 손에
마음이 환하다
그러나
쉽게 품고 버리는
사람이 사람에게
이처럼
모든 것을 주고 갈 수 있을까
섬보다 더 고독한 날
눈부시게 빛내주고
닳아 가는 그대여
그대는
사라져가는 것이 아니고
하나 되는 것이다
조약돌 같은
그대의 사랑으로
하루가 환하다.

눈 내리는 밤

트리플타워 불빛 아래
그늘진 허공을 바라보니
하얗게 흩날리는 꽃으로
세상이 맑다

수두룩한 이름이
저절로 녹고 쌓이는데
청아의 알싸함처럼
다가오는 것은 누구일까

빌딩 숲에 뒹구는 돈다발같이
마냥 뿌려대도 싫지 않아
분분히 날리며
어둠을 지우고 있는
너로 인해
세상이 참 맑다.

밤길을 걷다

낙엽처럼 세상사 내려놓고 나면
얼마나 가볍고 편안해질까

하얗게 쏟아지는 달빛아래
말로는 다 하지 못할 생애

거스를 수 없는 시간 속에
가없는 목마름의 밤은 길고

내 어깨 위에 건들거리며 앉은
잎새들의 소리에도
맘을 열지 못한 채

수두룩이 쌓인
이야기를 들으러
밤길을 걷다.

장미의 무덤

아름다움에도
무덤이 있다

붉은 웃음이
흩어지던 날

내가 자란 땅덩이를
몸으로 덮고 가야하는
운명에

울컥울컥
그리움만 더하여
뒤 돌아보니
화무십일홍(花無十日紅)이더라.

필경사

한날의 멈춤이
아침의 8시라면
민족의 굶주린 배를 생각하며
빨부리에서 근심을 피워 올릴 때

저녁의 8시라면
어스름한 뒤뜰
대나무의 살 부비는 소리를 들으며
하얀 사기등잔 아래
끓어오르는 분노를 태우고 있을 때이다

빨간 펜대에 남은 필력은
마음의 밭을 갈아
구릉 건너편
넘실거리는 희망을
향나무에 담아
터에 뿌리 내리고 있으니
그날 쇠가 흙으로 돌아가기 전에 오라.

- 이종섭님의 조각상의 글귀 인용

선(禪)에 고함

필경사에
투명한 빛살 같은 숨이
누런 원고지에
푸른 향기로 머물고

흙으로 돌아갈 날을
기다리는 나무는
생전에 잊지 못한
박군의 얼굴들과
그날의 함성을 듣고 있다

가치내 섬의
칠월의 바다가
철썩이며 들르는 날이면
뭉게구름 채워가며
외롭지 않다

세 갈래 나무에 기대
단단한 돌맹이 하나
가슴에 엮고 간다는 것조차
나는 목 메인 채
붉은 눈물로도 행복했다.

순환을 꿈꾸며

이것은 미칠 듯한 방황이었다

세상 것의 대한 미련은
허공을
무수히 떠다니고
한순간 분해될지 모를
생의 기도는
순환을 꿈꾼다

하늘과 땅의 경계선에서

살다가 살다가
가벼운 무게조차 이길 수 없을 때
나는
넓디 넓은 허공이 되겠다
깊고 깊은 침묵이 되겠다.

오래 비워둔 집을 다시 채우는 일, 詩作, 시작

구 미 리 내 (시인, 문학박사)

1.

시작(詩作)이란 말은 시작한다는 말과 같은 선상에 놓인다. 시를 쓴다는 일은 무언가 깊게 보는데서 출발하는 것이고 시를 쓴다는 일은 생각하는 순간 시작되는 일이기 때문이다. 아니 어쩌면 시작(詩作)은 삶이 시작되는 순간부터 진행되는 작업일지도 모를 일이다. 체험 없이는 시를 쓸 수 없고 삶이 없이는 체험은 불가능한 일이니까 말이다.

이렇듯 천의 얼굴, 만의 얼굴을 가지는 시 창작세계를 평론이라는 이름으로 논리화 한다는 것은 불필요한 일일지 모른다. 예술이 어디 한 곳에 매어두거나 가둘 수 있는 것이던가. 그런데 한편으로는 시가 시인 개인의 창작의 산물이긴 하지만 지적인 체험과 무관한 것이 아니고 시를 이해하는 일 자체가 감성뿐 아니라 이성적 판단을 통하여 확대되고 깊어질 수 있는 것이기에 필요한 것이라는 위안으로 시작해본다.

시 창작, 더 나아가서 예술작품은 내면세계를 글로 구축해 나가는 작업이다. 말하자면 내면은 시인만이 가지는 정신적 행위이자 시인의 감정과 욕망을 가지고 있는 충동의 세계이다. 그러나 시인은 그런 세계를 표출하고자할 때 감정을 그대로 드러내는 것이 아니라 감정으로부터 탈출하며 언어라는 상징물을 통해 드러내게 된다. 이종숙 시인의 시를 읽고 있노라면 그러한 사실을 여실히 느끼게 된다. 그의 시는 슬퍼도 울지 않고 기뻐도 소리치지 않으며 아파도 신음하지 않는다. 그는 이미 시를 다룰 줄 아는 프로이기 때문이다. 그는 여성이지만 여성에 국한되는 삶이 아니라 삶 자체가 가지는 무게와 깊이에 대한 시인의 직관적 성찰을 보여준다. 인간의 삶이 가지는 일상성을 그만의 시어로 옮겨놓자 멈추었던 평범한 일상의 분침과 초침들이 되살아나 째깍째깍 그의 시 속에 가득 울리기 시작했다. 활력이다.

2. 시간과 공간의 시학

실제 삶이 시간과 공간속에서 가능한 것처럼 상상속의 삶도 시간과 공간의 조건이 필수적으로 갖추어졌을 때 예술적 리얼리티의 존재성을 인정받을 수 있다. 하지만 시간에 대한 인식은 그리 간단한 문제가 아니다. 어거스틴에 의하면 시간이란 본질적으로 세계나 존재에 대한 의식이며 자아에 대한 각성으로 다시 기억, 직관, 기다림 세 가지로 변형된다. 살아가는 것, 삶이 바로 존재요, 존재하는 순간순간이 시간이 된다. 때문에 존재에 대한 인식, 시인이 삶을 어떻게 인식했느냐에 따라서 작품속의 시간은 의미를 갖는 셈이다.

또 존재는 필연적으로 시간과 공간의 조건이 된다. 삶이란 어찌보면 살아가는 행위속의 공간이라 할 수 있다. 시의 창작과정은 대상을 보고 느끼는 외적경험을 통하고, 직관된 언어를 통해서 생각을 거쳐 표출에 이른다. 다시 말하면 대상이 가지는 공간이 있음으로 해서 사람의 의식에 그 대상의 공간을 다시 표현해 낼 수 있는 공간이 생기게 된다는 것이다. 인간은 상상이라는 도구를 통하여 무한한 창조의 공간을 만들어낸다.

저물녘 현관 앞에
비스듬히 기댄 지팡이 둘이
구부정하게 생의 순간을 잡고

〈고목나무〉 부분

무심한 빈 항구
오도가도 못한 채
출렁이는 노을

목선 한 척이 떠난 뒤
영영 막혀버린 강기슭에
커다란 바위 하나
얼룩진 하루를 살아내고

〈저무는 상대포〉 부분

매미가 열 세 번의 소리를 질러대는 오후에도
무겁디 무거운 씻김질이 계속되었다.
(중략)
마음은 여전히 내부수리 중이다.

〈내부수리중〉 부분

유리조각 박힌 담장 아래
넝쿨장미의 우울이 눈먼 척 할 때
붉은 꽃은 심장대신 사랑을 달랬다

어디에도 비상구가 없다
달빛이 생가지에 매달릴 때마다
반란을 꿈꾸는 삶
진한 색채의 젊음이 저녁노을 속에 탄다

〈못다 한 사랑〉 부분

후드득 떨어져 스며든 빗물이
하얀 셔츠 위로 번지는 오후

〈그림 한 점〉 부분

다섯 편의 시에서 공통적으로 등장하는 시간은 오후. '저물녘', '출렁이는 노을', '소리를 질러대는 오후', '저녁 노을' 등의 시어가 그 사실을 알려준다. 이러한 공통점은 우연이 아니다. 앞서 말한 대로 시에서 시간은 자아에 대한 각성이자 존재에 대한 의식이다. 시인은 스스로의 존재 혹은 누군가의 존재를 인식하는 시간으로 오후를 선택하였음과 동시에 오후라는 시간을 통해 자아를 되새김질 하기로 정했다. 오후는 분명 밝음을 어느 정도 소유한 시간대이지만 또한 어둠이라는 결말을 가지는 시간대 이기도 하다. 새벽이 어둠을 지녔지만 밝음으로 가는 것과는 정반대의 이미지다. 노을지는 붉은빛의 어스름. 그것은 밝음과 어둠의 어디쯤에 존재한다. 아침이 활기찬 활동성을 의미한다면 밤은 귀가의 동작으로 하루를 마감하는 정지성이 특징이다. 오후가 갖는 이미지는 통상적으로 그 가운데서 얻게 되는 안정됨이다. 하루가 흘러가고 있다는 안도감, 역류할 수 없는 시간은 흘러갈 뿐이다.

시인이 서있는 오후를 기준으로 아침은 과거이고 밤은 미래이다. 시인에게 현재 놓여진 삶의 시간은 오후이다. 활기찬 듯 하지만 격동적인 과거의 시간을 지나 현재에 이른 시인은 자아의 존재를 확인하는 시간으로 '오후'를 선택했다. 저물녘 오후에는 '매미가 열 세 번의 소리를 질'러대며 생(生)에 대해 할 말이 많은 듯 시끄럽기도 하고 '진한 색채의 젊음이 타'들어가기도 하는 소멸을 맛보기도 하면서 삶의 깊이를 파고들어간다. 더할 것도 없고 뺄 것도 없는 시인의 현재는 삶을 재창조하는 환상이 시간이다.

시는 감각적 대상 속에 있지 않다. 시적 공간은 시의 투사적 등가물이다. 투사적 등가물은 시인 내면의 정신상태를 작품으로 전환해주는 실체라고 볼 수 있다. 다시 한 번 다섯 편의 시들을 보도록 하자. 시 <고목나무>에 등장하는 시적 공간은 '현관'이고 <저무는 상대포>의 시적 공간은 '항구', <못다 한 사랑>은 '재래시장', <내부수리 중>은 '마음 속'이다. 표면적으로 봤을 때 크게 어떤 의미를 지닌 것 같지 않은 일상적 장소들이다.

시 <고목나무>의 공간으로 등장하는 '현관'은 일차적으로 집의 내부와 외부를 연결해 주는 통로의 의미를 갖는다. 들어가기도 하고 나오기도 하는 순환의 공간이다. 그러나 이 시의 현관은 '비스듬히 기댄 지팡이 둘이 구부정하게 생의 순간을 잡'고 있는 하나의 공간 자체이다. 지팡이는 일반적으로 거동이 불편한 사람들이 의지의 도구로 사용하는데 그 의미로 미루어보아 지팡이 둘이 비스듬히 기대어 있는 공간으로써의 현관은 통로의 의미보다 머물러 있는 상태, 저장의 공간 이미지가 더 크다. <저무는 상대포>에 등장하는 시적 공간도 의미가 크게 다르지 않다. 이 시에서는 '항구'가 등장하고 항구는 우리에게 배가 들고 나는 활기찬 공간의 이미지를 갖는다. 그러나 <저무는 상대포> 작품 안에서 항구는 '무심히 빈 항구'이다. 들고 나는 배가 없는 본래의 작용을 못하는 공간임과 동시에 노을조차 '오도가도 못하는' 막힌 공간이 되어 버렸다. 현관도 항구도 더 이상 통로의 역할은 그만두고 머무는 공간의 역할에 충실해진다.

<못다 한 사랑>에서 재래시장 역시 많은 상인들과 서민들이 물건을 사고 팔고 머물고 지나가는 삶의 공간이다. 명절마다 사람이 붐비고 서민의 애환을 확인할 수 있는 곳이 바로 시장인데 이곳은 '문 닫힌 재래시장'일뿐이다. 정기휴일을 맞은 문 닫힌 시장에는 물건을 파는 상인도 없고 사려는 사람도 없고 기웃거려보는 구경꾼도 없는 하나의 폐허나 마찬가지다. 그곳은 시장이아니라 그저 물건이 쌓여있는 공간이 될 뿐이다. 우리의 삶의 공간은 그렇게 변화되며 삶을 관통한다. 순환의 공간속에서 살며 서로 소통하던 우리는 어느 순간 공간속에서 머물며 고인 채 '얼룩진 하루'를 살아내고 있다.

삶의 무게를 아는 나이인 시인은 삶을 가르치려 하지 않는다. 그저 그 무게를 고스란히 짊어지고 묵묵히 걷는다. <내부수리중>에서도 보여주듯이 시인은 '허물고 부셔져 버려 미처 알아보지 못한 소중한 것에 대하여 비움의 미학'을 읊조리며 묵묵히 삶의 무게를 견딘다. 이종숙 시인은 과도기적 시간인 오후의 한가운데서 우리의 삶이 자연의 섭리에 따라 흘러가고 있음을, 언젠가는 누

구나 아침(밝음/환함/과거)을 지나 밤(어둠/미래)으로 가게 된다는 사실을 시간과 직관공간의 시학을 통해서 보여주고 있다. 서정시는 결국 나와 사물과의 주관적인 관계성을 재구성하는 작업일 수 있다.

3. 흐르는 모성, 물의 이미지

물의 근원은 바다가 아니라 계곡이다. 이 계곡은 흔히 여성의 상징으로 알려져 있다. 가만히 생각해보면 물은 다른 생물에게 생명을 부여하는 존재다. 나무에게도 꽃에게도 땅에게도 하찮은 풀잎에게도 물은 스스로 움직여 흘러가면서 생명을 주고는 멀어져간다. 물은 스스로 길을 내며 깊어가고 멀어진다. 높은 곳이 아닌 낮은 곳으로 겸손하게 흘러가는 물은 존재하지만 형태는 없다. 이렇듯 물은 모든 생명체 안에서 모성의 존재방식대로 존재한다.

시간의 파편이 즐비한
부챗살처럼 펼쳐놓았던
여든네 해의 길
칠월의 장마로
쏟아져 내리는 빗살은
세상을 넉넉히 감싸 흐르고

〈아버지〉 부분

등골 굽어 삭아진 나무
따스한 물로 입안을 적셔줄 때
삭정이 된 손가락을 모으며
힘겹게 토해내는 말
"고맙소"
(중략)
뜨겁고 아픈 눈물이 길을 만들면
한 세월 잊고 살았던 고향을
홑겹도 벗어버린 나무는 달려간다

〈햇살 가득한〉 부분

가슴에 품은
그리움으로
푸른 하늘만 바라보아도
슬프다는 나무
수두룩한
일들을 기억하면서
수액처럼 끌어올린 눈물을
바람에 풀어 버리면
얼마 동안은 아픔을 날릴 수 있겠지

〈간단하다〉 부분

첫 번째 시 <아버지>에서 등장하는 물은 칠월의 쏟아

져 내리는 장마다. 장마는 소나기와 다르게 오래도록 내리며 모든 것을 잠식시키기도 한다. 오래도록 많이 내린 비로 인해 집을 잃는 사람도 있고 생활을 잃어버리는 사람도 있다. 세상을 폐허로 만들기도 하는 존재다. 그러나 이 시에서 장마는 '쏟아져 내리는 빗살'이지만 '세상을 넉넉히 감싸 흐르고'있는 존재다. 부족한 세상에 무언가라도 채워주고 싶은 비의 인심이 오래도록 내리며 세상을 넉넉히 감싸준다. 이 시에서 비는 사랑이다. 모성성을 지닌 물의 이미지 그대로 '무엇이든 주고 싶어 두리번거리는 지상에는 사랑이 아닌 것이 없'다고 말하는 시인은 그 주고 싶은 마음을 비로 쏟아지게 한다. 비는 곧 세상을 넉넉하게 감싸며 흐르고 세상에는 '생의 울림이 가득'하게 된다. 생의 울림은 살아있음이다. 비는 세상에 생명을 주어 '생의 울림 가득'하게 하고는 또 소리 없이 흘러흘러 사라져 버린다. 어머니의 존재는 자식들에게 생명을 주고 스스로는 물처럼 어디론가 스며들고 흘러가는 존재이기 때문이다.

시 <햇살 가득한>에는 '따스한 물'이 등장한다. 이 따스한 물은 '등골 굽어 삭아진 나무'에게 입안을 적시게 해주는 생명의 물이다. 등골 굽어 삭아진 나무는 노쇠해 굽어버린 노인인자 우리네 인간이다. 수분은 인간에게 없어서는 안 되는 요소인데 나무는 마르고 말라서 삭아지기 까지 한 건조한 존재가 되어 버렸다. 그런 상태의 나무에게 '따스한 물'은 수분의 공급임과 동시에 생명의

연장을 안겨주는 모성의 이미지로 거듭난다. 따스한 물 한잔으로 기운을 차린 '나무'는 '뜨겁고 아픈 눈물'로 길을 만들며 다시 달려간다. 물(따스한 물)은 생명을 줌으로써 물(눈물)로 다시 태어나 스스로 길을 만들며 '달려'가는 것이다. 그 끝에는 '한 세월 잊고 살았던 고향', '집'이 있다. 결국 모성은 죽어가는 것에 생명을 불어넣고 스스로는 흘러간다. 흘러가는 존재는 남아있지 않다.

<간단하다>의 시에서 보여지는 물은 '눈물'이다. '가슴에 품은 그리움' 때문에 '슬프다는 나무'는 '눈물'을 흘린다. 여기서 '나무'역시 나무임과 동시에 슬픔을 간직한 인간이다. '푸른 하늘만 바라보아'도 '슬프다는 나무'가 흘리는 눈물은 소모적인 눈물이 아니라 '수액처럼 끌어올린' 충전의 '눈물'이다. 수액처럼 끌어올려 흘리는 눈물을 '바람에 풀어버리'면 '얼마 동안은 아픔을 날릴 수'있다. 우리에게 눈물은 슬플 때 흘리는 눈물인데 이 시에서 '눈물'은 '아픔을 날릴 수'있는 치유의 이미지로 등장한다. 눈물은 스스로 흘러내림으로써 아픔을 치유해 주고 사라진다. 아픔이 치유된 후에 눈물 자국으로 그 물이 흘러간 길을 짐작할 뿐이다. 모성의 존재는 그렇게 사라져간다.

4. 오래 비워둔 집, 다시 채우기

이종숙 시인의 시집을 찬찬히 살펴보고 있노라면 비

어있음에 대한 일상적 통찰을 곳곳에 숨겨놓음을 발견할 수 있다. 우리가 살아갈 수 있는 이유는 우리 주변의 빈 곳 때문에 가능하다. 생각해보라. 비어 있는 곳 하나 없이 꽉 차 있다면 우리는 움직일 수 도 숨을 쉴 수도 살아갈 수 도 없을 것이다. 자동차가 달릴 수 있는 것도 내가 달리는 동안 앞서 달려간 자동차의 빈 공간 때문이고 내가 걸어 다닐 수 있는 이유도 누군가 비켜 빈 공간을 내어주거나 앞서 지나간 사람들로 인한 빈 공간 때문이니까 말이다. 우리 사이에 빈 공간, 비어있음이 없다면 우리의 삶도 없는 것이다. 비어있음은 곧 우리의 삶이고 우리의 삶은 빈 공간에서 우러난다.

누구에게나 빛나는 하루는
빈 그릇을 채우는 일

밤새 지어낸
뜨거운 가슴으로
허한 속을 채워다오
차곡차곡 차올라
너그러운 하루를 만들어다오

〈밥그릇〉 부분

참 오래도 비워두신 집
텅 빈 고동 속 같은

방이 었겠다

〈참 오래도 비워두신 집〉 부분

미처 알아보지 못한 소중한 것에 대하여
비움의 미학을 읊조리며

〈내부 수리중〉부분

두고 갈 것도
가져 갈 것도 없는
빈손

〈햇살 가득한〉 부분

어딘지도 모를
낯선 곳에서
차디찬 몸으로 만나는
저 허허로운
빈 병이 울리는 소리

〈빈 병〉 부분

시 <밥그릇>을 보면 밥그릇은 실제 밥을 먹는 도구라기보다는 우리의 일상성에 빗대어진 사물이다. 그릇에는 밥을 채워야 그 구실을 하듯이 우리의 일상 역시 하루하루를 채워가야 하는 일이다. '빈 그릇을 채우는 일'은 '빛나는 하루'를 마감하는 행위이다. 그릇 속에 가득 채워진 '밥'이 빛나는 것이 아니라 그 '빈 그릇'에 밥을 채우기 위해 '온 몸을 내어주는' 뜨거운 행위가 하루를 빛나게 한다. <참 오래도 비워 두신 집>에서는 그 채우는 행위가 멈춰진지 오래인 '참 오래도 비워 두신' 공간이 등장 한다. 그곳은 이미 '텅 빈 고둥 속 같은' 방으로 남아 있다. 그러나 한때는 그 방에서 '밤마다 아무도 모르게 몇 날을 준비'하던 삶의 행위가 있었다. 비워두기 전에 아무도 모르게 날마다 밤마다 여위어가면서도 채워갔던 '집'. 그래서 그 집은 빈 집이 아니라 '비워 두신 집'이다. 내가 떠남으로 인해 버려진 것이 아니라 그리움을 가득 남겨둔, 그래서 '어제가 그리워 곰처럼 울게' 만드는 집이다. 비워져 있지만 누군가에에 그 비워진 공간을 울음으로 채울 수 있게 하는 집이다. 시<빈 병>에서 '빈 병'도 비어있지만 '빈 병이 울리는 소리'를 내며 스스로를 채운다. 아무것도 들어있지 않고 아무 행위도 할 수 없는 빈 병이기에 스스로 울며 스스로를 채우는 수밖에 없다는 것을 안다.

이종숙 시인은 그렇게 삶을 바라보고 있다. 비우면 비울수록 '알아보지 못한 소중한 것'들을 깨달을 수 있음에 스스로를 비우고 또 비운다. 하루를 살아가는 동안 어느새 가득 찬 삶, 다시 내려놓으며 시를 쓴다. 삶의 무게를 견디는 일이 그 삶을 꿰뚫어보는 힘이 되듯이 비어 있는 공간이 우리에게 사랑할 수 있는 여유를 준다. 오늘도 저물어가며 내려놓는 많은 것들은 내일을 다시 채울 수 있는 빈 공간에 대한 예의다. 삶이 '비워도 비워도 다시 채워지는 밥그릇을 안고 가는 일'인것 처럼 이종숙 시인은 비워도 비워도 다시 채워지는 시 그릇을 안고 '참 오래 비워둔 집'으로 향할 일이다.

이종숙 시인

- 경기 부천출생
- 가톨릭대학교 국어국문학과 졸업
- 계간 〈지구문학〉으로 등단
- 제27회 가톨릭대학교 문학상 시 부문 대상 수상
- 한국문인협회회원
- 지구문학작가회의 회원
- 복사골문학회 수주 시동인
- 틔움문학 동인
- E-mail.jongsuk8599@hanmail.net

이종숙 시집

이름도 외로움을 탄다

초판인쇄 | 2015년 9월 20일
초판발행 | 2015년 9월 25일

엮 은 이 | 이종숙
펴 낸 이 | 김선희
만 든 이 | 구자룡
펴 낸 곳 | 산과들

도서출판 **산과들**
경기도 부천시 원미구 중동로248번길 86 (중동) 706호
대표전화 010 · 6270 · 5557
pcadmac@chol.com
ISBN 89-90918-91-8-03810

값 12,000원